Original title:
Geflügelte Worte

Author: Swan Charm
Editor: Jessica Elisabeth Luik
ISBN 978-9916-39-190-7

Geflügelte Worte

Swan Charm

Mantras und Metaphern

In stillen Wassern, tief und klar,
Betrachten Seelen, was einst war.
Mantras flüstern leise Wahrheit,
Metaphern malen bunte Klarheit.

Ein Berg so stark, ein Fels so fest,
Ist Metapher in meinem Rest.
Der Wind, der sanft die Blätter trug,
Mantras singt und weiterzug.

In jedem Korn, das Felder säen,
Liegt ein Mantra, um zu verstehen.
Jede Blume, jede Biene,
Ist Metapher, teils Sein, teils Scheine.

Die Nacht umfängt den Tag im Tanz,
In Sternenwebens Metaphernkranz.
Mantras hallen durch das Schweigen,
Einst verborgen, nunmehr Zeugen.

Echos in der Ewigkeit

Ein Echo zieht durch alte Hallen,
Von fernen Tagen, die uns lallen.
In Ewigkeit vergraben Lieder,
Erklingen leise, immer wieder.

Die Zeit verliert sich im Gekose,
Und jede Tat, sie wirft ihre Pose.
Die Echos wandern durch die Jahre,
Als stumme Zeugen unserer Bahren.

In der Ewigkeit, tief versteckt,
Ein Echo unser Sein entdeckt.
Vergangenes zu Neuen spricht,
Im Echoraum des Lebenslicht.

Unsichtbar, doch in den Sphären,
von Ewigkeitsechos wir lernen.
Sie flüstern Weisheit sanft ins Ohr,
Und tragen Fortbestand im Chor.

Kernige Konklusionen

Das Korn, es reift, es nickt, es fällt,
Die Ernte bringt der Bauern Lohn.
Aus vollen Ähren, klar und helle,
Erwachsen kernige Konklusionen.

Die Zeit, sie lehrt uns, stetig still,
In jedem Ende wohnt ein Will.
Das Leben zieht in breiten Bahnen,
Kernige Wahrheiten in uns wohnen.

Der Baum steht kahl, doch fest im Saft,
In ihm verbirgt sich Lebenskraft.
Konklusionen, tief verwurzelt,
Durch Jahresringe sacht gehärtet.

Im Endlichen das Unendliche sehen,
In Stürmen bestehen, im Winde wehen,
Kernige Einsichten stets bei der Hand,
Leiten uns sicher zum festen Land.

Sprachspiel im Spiralwind

Die Worte dreh'n im Spiralwind,
Tanzen, springen, Kind des Sinns.
Sie formen Rätsel, necken List,
Ein Sprachspiel, das nie enden ist.

Verse wirbeln, dichten sich,
In Spiralen Sprachgeschicht'.
Die Silben dreh'n, sie steigen auf,
Im Wortes Tanz nimmt Form ihr Lauf.

Reim zu Reim, so schnell verbunden,
Im Sprachgewirr ganz neu gefunden.
Silbenklang im Endloskreis,
Gibt uns Dichtung, zart und weis.

Wort um Wort spielt ewig Wind,
Baut Kastelle, Kind im Sinn.
Sprachspiel treibt uns immer weiter,
Im Spiralwind, ewig heiter.

Zitate mit Federn

Leicht wie Federn im Wind,
Sprechen Worte den Sinn,
Sie fliegen, tanzen, entweicht,
Als Zitat die Welt erreicht.

Mit Tinte und Feder geschrieben,
Bleibt die Weisheit stets lieben,
Verweht nicht im Sturm der Zeit,
Bleibt präsent, trotzt der Ewigkeit.

Jeder Buchstabe wie eine Daune,
Trägt Gedanken zur himmlischen Saune,
Leise landet jedes Wort,
Am Bestimmungsort, bleibt dort.

Ein Zitat, mit Federkraft,
Eine Botschaft zartbedacht,
Flattert in Geistern umher,
Und wirkt erhellend und mehr.

Verspielte Vokabeln

Worte hüpfen, tanzen, spielen,
Im Satze sie sich fein verzielen,
Vokabeln in bunter Reih,
Schenken dem Mundwerk Freudelei.

Laute verspielt, sie gleiten,
Durch den Raum der Weiten,
Verschmelzen kunterbund,
In des Zuhörers frohem Mund.

Silben springen, waghalsig, kühn,
Erzeugen ein gedanklich Sprüh'n,
Im Kopf entsteht ein bunter Reigen,
Der sich kann zu Versen neigen.

Gleiche Worte, stets neu entdeckt,
Haben die Bedeutung festgesteckt,
Im Spiel der Sprache, voller Klang,
Füllt jeder Begriff den leeren Drang.

Luftige Aphorismen

Aphorismen, kurz und knapp,
Ohne Umschweif tappt keiner in die Falle,
Erkenntnisse klar wie der Himmelblau,
Sind mit Witz und Weisheit stets bei der Hand.

In der Kürze liegt die Wärze,
Ein Wort zu viel, schon schwindet die Schärze,
Luftig leicht und doch so schwer,
Wie ein Hauch, bedeutungsvoll mehr.

Wie Vögel zieh'n sie in die Höh',
Schnell erfasst und doch so weh',
Vom Winde getragen, weit und breit,
Tragen Wahrheit, ohne Zeit.

In Sätzen klein, doch scharf wie Pfeile,
Treffen sie stets ins Schwarze, ohne Eile,
Federleicht und doch gesät,
Mit Tiefe, die im Herzen steht.

Zungenflügel

Mit Zungenflügel, leicht bewegt,
Die Sprache fließt, wird ausgelegt,
Lässt Worte schweben, zart entfacht,
Trägt Gespräche durch die Nacht.

Von Lippen, die leis' berühren,
Kann man des Herzens Flügel spüren,
In der Stille, sanft erklungen,
Hat jedes Wort die Luft durchdrungen.

Die Zunge, wendig, voller Kraft,
Hält die Sprache zart in Haft,
Mit jedem Ton, den sie entlockt,
Ist ein Gedanke sanft umflockt.

So fliegt das Wort vom Ort zum Ohr,
Schwingt sich empor, zieht seine Spur,
Ein Flügelschlag in stummen Räumen,
Lässt Geistesblumen neu erblühen.

Echo der Weisheit

In stillen Hallen weisheitsvoll,
Der Weisen Wort, im Echo toll.
Auf Marmorwänden, kühn und klar,
Ein leiser Hauch von Wahrheit war.

In tiefen Büchern, alt und schwer,
Geheimnisse, bewacht so sehr.
Durch Zeilen flüstern, zaghaft, sacht,
Die Weisheit ruft in stiller Nacht.

Vom Denken scharf, so wie ein Schwert,
Die Wahrheit bleibt, wird hoch verehrt.
Durch Jahr und Zeit, stets unverloren,
Im Echo klingt, was wir erkoren.

Gesprochenes Segel

Auf Wellen reitet das Wort so weit,
Ein Segel, getragen von Zeit.
Es flüstert sanft zum fernen Land,
Von Mund zu Ohr, wie festes Band.

Die Rede schwillt, ein starker Wind,
Der neue Ufer sicher find't.
Verkündet leis', erzählt so viel,
Ein Ruf, so bunt wie ein Gemäl.

Sprachzarte Segel, havariert,
Vom Sturm der Stille eng skandiert.
Doch findet Ruhe, fließt so rein,
Die Worte segeln heim ins Sein.

Gefieder der Sprache

Aus Worten sprießt ein buntes Kleid,
Gleich Vögeln fliegen sie so weit.
Im Schwarm der Stimmen, laut umstritten,
Als Sprache sie die Luft durchschlitten.

Der Buchstaben gefiederte Schar,
In Dialogen offenbar.
Sie nisten in des Hörenden Sinn,
Gedankenflug nimmt seinen Beginn.

Ein flatterndes Gewand der Zung',
Das in den Äther sich geschwung'..
So zeichnet Sprache ihren Bogen,
Von Wort zu Wort hoch aufgeflogen.

Lexikalischer Aufwind

Im Wirbel der Begriffe stumm,
Entsteht ein Aufwind, kraftvoll, klug.
Es hebt die Worte, trägt sie weit,
Ein lexikalisches Geleit.

Die Atemzüge jeder Sprach',
Ein Sturm, der neue Wege brach.
Er wirbelt um die Silben wild,
Im Tanz der Terme, fein gefilt.

Ein jeder Buchstab' leicht erhebt,
So dass er in den Lüften schwebt.
Im Aufwind Wissen, Satzgeflecht,
Das in des Geistes Himmel streckt.

Flüsterflügel

Leise schwingen Flügel fein,
Über Wälder, Schlösser, Seen.
Tragen Wünsche in das Reine,
Flüstern Träume zart hinein.

Mit Geschichten sanft umhüllt,
Schweben sie durchs Abendlicht.
Rührend unser Herz, ganz sacht,
Bis es sich mit Wärme füllt.

Flügel, die geflüstert trauen,
Tänzelnd in der Dämmerung.
In Geheimnisse eingewebt,
Lassen sie uns Ängste klauen.

Sie entführen uns zur Nacht,
In ihr weiches Federbett.
Tragen fort den Alltag schwer,
In den Sternen wird gewacht.

Segel der Sentenzen

Segel setzen, Worte gleiten,
Über das Meer der Gedanken.
Weise Worte weist der Wind,
Tragen kluge Sentenzen.

Auf den Wellen, Wahrheit reitet,
Durch die stürmische See der Zeiten,
Botschaften, so weich gesinnt,
An des Horizontes Ränzen.

Jeder Satz, ein stolzes Segel,
Das uns führt zu neuen Ufern.
Lehren aus vergang'nen Tagen,
Erzählen vom Lebenswegel.

Dort, wo Meeresarme heben,
Sätze, die im Herzen beben.
Worte, die Unsichtbares sagen,
Und zum Denken uns bewegen.

Sprüchewind

Der Sprüchewind, er weht so wild,
Durch Städte, Felder, Kopf und Kragen.
Weisheit in den Böen mild,
Trägt uns fort, ohne zu zagen.

In seinem Sog, die Worte wimmeln,
Zwirbeln tanzend in der Luft.
Bauen Luftschlösser in die Himmel,
Flüstern Weisheit, ganz in Duft.

Zitate surr'n als leichte Blätter,
Durch das dichte Daseinsdickicht.
Jeder Satz ein leichter Vetter,
Bringt uns nah, das ferne Licht.

Denn im Wind der Sprüche weise,
Findet jeder seinen Reim.
Was uns lehrt auf diese Weise,
Macht uns still und schafft uns heim.

Flüchtige Formeln

In des Wissens heil'gen Hallen,
Schweben Formeln, fein und kühn.
Durch die Lüfte sacht sie wallen,
Bilden ab der Weisheit Zinn.

Sie entkommen klugen Köpfen,
Füllen Raum und Zeit mit Sinn.
Könnten sie doch Antworten treffen,
Mühelos und voll Gewinn.

Es sind die Ziffern, flüchtig tänzeln,
Zwischen Realität und Traum.
In ihrem Reigen doch sie kränzeln,
Maß und Zahl im Weltenschaum.

Flüchtig zwar, doch ewig wertvoll,
Sind die Formeln stets in Flug.
Rätsel lösend, unaufhörlich,
Bis das Unbekannte zug.

Flugschrift der Freiheit

Im Herzen hegt das Wort den Mut,
Wir schreiben kühn, der Sinn so gut,
Gedanken fliegen, frei und weit,
Ein Flugschrift trägt sie durch die Zeit.

Auf Federflügen, oh so leicht,
Das Banner der Freiheit nun erreicht,
Durch Tinte strömt die pure Kraft,
Die Freiheitsliebe wird entfacht.

Die Zeilen streben nach dem Licht,
Für Wahrheit und Recht das Gesicht,
Sie fordern auf zum tapfren Streit,
Für Menschlichkeit und Gerechtigkeit.

Von Hand zu Hand die Botschaft zieht,
In jedem Wort die Hoffnung glüht,
Das Recht auf Freiheit uns verbindet,
Wo Feder fällt, neues beginnt.

Rhetorischer Regen

Worte fallen sanft herab,
Ein rhetorischer Regen,
Säen Gedanken, feucht und knapp,
In Seelen wachsende Wege.

Gleitet über das Denkendach,
Fließen Gewässer der Weisheit,
Jede Silbe, sanft und sacht,
Erfrischt das Land der Geistheit.

Diskurse wie Wolken ziehen auf,
Bringen stürmische Winde,
Aussaat der Ideen nimmt ihren Lauf,
Im Redeschwall sie zu finden.

Redegüsse, die erquicken,
Lassen Einsichten sprießen,
Im rhetorischen Regen beglücken,
Wahrheiten, die da fließen.

Redeflügelflattern

Mit Reden die die Lüfte schwingen,
Flattert jedes Wort so frei,
Durch Redeflügel kannst du bringen,
Gedanken weit, das Meer vorbei.

Die Redner stehen stolz und kühn,
Mit Flügeln aus Versatz und Klang,
Lassen ihre Rhetorik ziehn,
Ein Flattern weitet sich zum Drang.

Die Luft vibriert von diesen Schlägen,
Ein Pulsieren im Konzert der Stimmen,
Redeflügelflattern, ein Segen,
Kann Herzen und Verstand gewinnen.

So fliegt das Wort von Ort zu Ort,
Von Mund zu Ohr es eilig wandert,
In Redeschwall wächst es fort,
Und Redeflügelflattern antwortet.

Findige Fabeln

Findige Fabeln flüstern fein,
Geschichten von List und von Lehr,
Sie weben Wahrheit und Schein,
So phantastisch, mehr und mehr.

Mit Tieren, die sprechen und denken,
Mit Botschaften, tief und gereimt,
Die Moral von Geschichten uns schenken,
Die leise im Herzen sich reimt.

Fuchsschlau zieht der Plot sich dahin,
Der Hase rennt um die Wette,
In Fabeln versteckt tiefer Sinn,
Raffiniert wie die Falle die Kette.

So endet das fabelhafte Spiel,
Mit Weisheit, fein eingefangen,
Die Lehre folgt auf dem Fuße, ziel,
In findigen Fabeln gefangen.

Alliterationen im Aufstrom

Anmutig aufsteigend, Amseln applaudieren,
Antik anmutende Äpfel alludieren,
Abrupt anhaltende Atemzüge atmen,
Anschwellender Auen, Akzente umgarnen.

Alabasterne Adern in Alleen ausweichen,
Auf Ähren sich Akrobaten zu gleichen,
Allgegenwärtig anklingende Akkorde,
Am Abend anhebend, als Aroma zur Horde.

Aus Artischocken Aromen arrangiert,
Altanen anmutig mit Astern verziert,
Abstrakte Anklangnahme, Ansätze verschwimmen,
Auf Acht geben, allhier nicht zu verstummen.

Alphabetisch angeordnete Anfangsbuchstaben,
Aporien aufdeckend, Aktionen entschlaven,
Allerlei Anspielungen, Anmut gestiftet,
Amberfarben Abend, in All' eingeschifftet.

Zitatenschwarm

Zeitlose Zeilen, ziseliert und zart,
Zur Zierde zusammengezogen, ein Schwarm,
Zündende Zungen, zerstreuen das Dunkel,
Zaghafte Zweifel, zerzaust, im Gedunkel.

Zitate ziehen, zierlich im Zirkel,
Zunehmend zupackend, die Zeichen im Werkel,
Zumal zarte Zephirwinde, ziselieren Lüfte,
Zeigend, Zeichensetzung, Zauber in Grüfte.

Zweige zitieren zirpende Zykaden,
Zig zag zaudernde, zehrende Schaden,
Zwischen Zeiträumen, Zurufe zerflattern,
Zeugen zeitlose Zwistigkeiten, zergehn im Mattern.

Zeilen zelebrierende Zunft, zollt Zuneigung,
Zero-sum Zeremonien, Züge der Bezeugung,
Zuvorkommend, Zutrauen zierlich versiegelt,
Zufrieden zum Ziel, das Zetern verriegelt.

Illustre Idiome

Inseln im Ideenstrom, Ideale inszeniert,
Illusionen in Ikonen, irgendwie intoniert,
Idyllisch illustriertes, impulsives Illyrien,
Irrlichtern in Intervallen, interagiert mit Myrien.

Ignoranz ist illusorisch, indem Intellekt inspire,
Insignien in Indigo, Inkarnationen, die spüren,
Ikarus imaginiert, im Innern identifiziert,
Intrigen, interessiert, in Intrinsik versiert.

Imaginäre Insel, isoliert im Intermezzo,
Individuen involviert, intuitiv im Versteck so,
Innovative Ideen, in Idiomen infiziert,
Intensiv, inspirativ, in Intuition kreiert.

Inspiriertes Idiom, im Innern des Ichs,
Internieren Intents, in Idylle verzichts,
Ikone der Ironie, in Irrgärten gefunden,
Illusorisch die Idee, in Idiome gebunden.

Proverbiale Pracht

Prägnante Prosa, prophetisch präsentiert,
Pochendes Pochen, pragmatisch platziert,
Proverbial pundit, provisorisch profiliert,
Prismatische Pracht, präzise projiziert.

Pfade gepflastert mit plausiblen Pean,
Pfiffige Phrasen, pandemisch pflanzean,
Prädestiniert paradox, permanent präsent,
Partikeln von Weisheit, passgenau präsent.

Prosa prospektiert, prächtig in Permanenz,
Poetisch porös, prunkt mit Pertinenz,
Präservativ passend, provokant doch präzis,
Proklamiert Parolen, poesievoll, prägnant, verständis.

Pantomimen der Phrasen, perfekt profiliert,
Pneumatische Postulate, potenziell pochiert,
Präsumptive Proverbien, gepolstert in Pracht,
Prognosen präpariert, prozessual bedacht.

Im Worte Wirbeln

In Sätzen schweben, leise drehen,
Wirbelnd Worte, tanzen, gehen.
Federleicht auf Zungen spitzen,
Gedanken in den Raum geritzt.

Verse schwingen, Reime kreisen,
Silben tanzen, Muster reisen.
Klanggewirbel, sanft entfacht,
Sprache in der Nacht erwacht.

Wirbelwind der Wortgewalten,
In den Büchern festgehalten.
Zwischen Zeilen leicht entschweben,
In den Wirbeln weiterleben.

Tinte tanzt auf weißem Grunde,
Spricht in stiller Schöpferstunde.
Im Worte Wirbeln, kunstvoll, zart,
Ein jedes hat sein' eigne Art.

Grammatische Gleitschirme

Verb und Subjekt, Hand in Hand,
Über Grammatikwiesenland.
Gleitschirm schwebt, die Syntax trägt,
Wo der Satz sich leicht bewegt.

Kommen Nomen dazu in Chor,
Schweben höher, Himmel empor.
Präpositionen binden fest,
In der Sprache buntem Fest.

Adjektive, bunt und schillernd,
Eignen dem Satz schwebend, flimmernd.
Konjunktive weben Träume,
In des Himmels weiten Räume.

Artikel, klein, doch stabil,
Tragen die Struktur ohne Müh' und Seil.
In Grammatikschirmen gleiten,
Lassen uns durch Sätze gleiten.

Sinfonie des Sagbaren

Worte formen Melodien,
Sinfonie des Sagbaren ziehen.
Klänge schweben, Sätze steigen,
In des Dichters Reich sich zeigen.

Konsonanten, kräftig, klar,
Vokale folgen, wunderbar.
Rhythmisch in der Strophe fließen,
Harmonien im Vers erblühen.

Poesie erfüllt den Raum,
Töne schweben wie im Traum.
Im Einklang die Bedeutung swingt,
Wenn das Verb zum Nomen singt.

Durch Strophen sich der Reim ergießt,
Die Sinfonie des Sprechens fließt.
Bedeutungsvoll und wortgewandt,
Die Sprache ihre Macht entfacht.

Balance der Begriffe

Auf Seil der Synonyme balancierend,
Mit sorgsam Wortgewicht justierend.
Begriffe finden ihren Platz,
In Satzgefüge, reimgekratzt.

Die Metapher schwebt heran,
Im Takt des semantischen Wiegensan.
Antonyme, gegenpolig, straff,
Halten die Balance, ohne Zaudern, sacht.

Gedanken wie Seiltänzer sich bewegen,
Auf Begriffen die zur Weisheit streben.
Jedes Wort ein Schritt bedacht,
In Gleichgewicht der Sprache Macht.

Satzkunststücke, fein vollführt,
Wo Logik und Gefühl berührt.
Im Balanceakt der Wortespiele,
Findet jedes Ding sein Ziele.

Analoge Antriebe

In Räderwerken tickt es sacht,
Die Zeiger drehn durch Tag und Nacht.
Ein Uhrwerk mit beständ'gem Lauf,
Die Zeit nimmt ihren Gang hinauf.

Vergang'nes in den Federn steckt,
Wo Kraft sich still und heimlich reckt.
Analoge Antriebe zieh'n,
Mit ihnen kann die Welt verflieh'n.

Die Nadeln tanzen ihren Reig'n,
Behutsam in den Stunden kreis'n.
Maschinen, die durch Zeiten weis'n,
Bewahren Kunst in ihrem Fleiß'n.

Im Ticken schwingt ein alter Traum,
Vom Fortschritt und dem Lebensraum.
Analoge Kräfte leiten an,
Und messen, was der Mensch getan.

Fließende Figuren

Sanftzeichnend Wasser rinnt,
Von Felsen zu den Tälern hin.
In Bächen tanzt es, licht und klar,
Ein fließend Kunstwerk, wunderbar.

Es malt die Ufer lebensvoll,
In fließend' Silbern, wunderscholl.
Geschmeidig wie ein Tänzer schwingt,
Das Wasser seine Figuren bringt.

Die Wellen spielen sacht ihr Lied,
Die Strömung, die stets vorwärts zieht.
In Harmonie und ew'gem Fluss,
Bewegt sich's ohne je Verdruss.

Fließende Figuren, zart gefügt,
Die Zeit selbst wird hier leicht besiegt.
Im Wasser, das sich nie verliert,
Ist Leben, das sich stetig ziert.

Geschliffene Gipfel

Stehend fest in Himmels Höh'n,
Wo scharfe Winde ewig weh'n.
Die Berge ragen stolz empor,
Mit Gipfeln, scharf und majestor.

Die Jahrmillionen sie formten an,
Zu Spitzen, die kein Auge kannt.
Geschliffen durch das eis'ge Band,
Erheben sie sich über Land.

Granit und Gneis, in Kälte glänzt,
Wo Schnee die Zinnen sanft umkränzt.
Zeugen längst vergang'ner Zeit,
In stiller, stein'rner Ewigkeit.

Die Gipfel, die im Lichte blitzen,
Sie lassen uns're Herzen flitzen.
Erhaben, fest und wundersam,
Ein Monument der Erdenspann.

Gesellschaft der Gnomes

Im Dämmerlicht, so still und klein,
Die Gnomes in den Wäldern sein.
Mit leisen Schritten, kaum zu sehn,
Sie unter Blättern Wege gehn.

Ihr Leben, fern von Menschentreiben,
Sie lassen Pflanzen Farben schreiben.
In Erdverstecken, wohlbedacht,
Wird über jeden Stein gewacht.

Sie feiern unter Mondes Schein,
Ein Tanzen in der Dämmerung fein.
Geheimnisse, der Welt verborgen,
Vor Menschenblicken gut verborgen.

Gesellschaft der Gnomes, eng verwebt,
Das stille Glück, das in ihr schwebt.
Sie pflegen das, was ewig blüht,
Im Reigen, der uns selten grüßt.

Rhythmus und Richtung

Im Pulsschlag der Städte, so lebendig und klar,
Wir folgen den Wegen, so fremd und so wahr,
Wo Rhythmus uns leitet durch die Zeit die uns bleibt,
Mit jedem Schritt, der das Morgen beschreibt.

In der Stille der Nacht, wenn die Gedanken dann fließen,
Und die Sehnsucht nach Morgen beginnt zu sprießen,
Da finden wir Richtung in träumender Ruh,
Ein Versprechen des Tages, erwachend dazu.

Wir tanzen im Einklang, so wild und so frei,
Ein jeder Schritt trägt uns fort, macht uns neu,
In Harmonie mit dem Wind, der uns sanft umspielt,
Ein Tanz, der uns Richtung und Rhythmus verheilt.

Provokante Prägungen

Worte wie Messer, scharf und präzise,
Gesprochen mit Mut, ja das ist die Devise,
Provokante Prägungen, tief in uns eingraviert,
Herausfordernd, das Leben, das oft kapituliert.

Sie rütteln an Normen, an festen Ideen,
Lassen uns die Welt durch ein neues Prisma sehen,
Durchbrechen die Stille, mit lautem Echo,
Denn nur so bleibt die Gesellschaft nicht hohl.

Ein Funke der Wahrheit in jedem der Schläge,
Die unsere Ansichten prüfen, auf Herz und auf Nerven,
Mit jedem Wort, das uns trifft und bewegt,
Ist es das Provokante, das uns weiter prägt.

Literarischer Lift

Bücher wie Fahrstühle, heben uns auf,
Zwischen den Zeilen, der geistige Staub,
Literarischer Lift, schwebt durch die Etagen,
Von tiefgründigen Kellern zu himmlischen Fragen.

Jede Seite ein Stockwerk, mit Geschichten belegt,
Trägt uns höher empor, bis der Geist sich regt,
Blickt über den Rand, der Realität weit,
Im Flug durch die Fantasie, verliert sich die Zeit.

Mit Autoren als Führer, in Welten verflochten,
Wo Worte zu Treibstoff für Träume hochkochen,
Literarischer Lift, mal stürmisch, mal sacht,
In den Büchern finden wir die unendliche Macht.

Silben im Sog

Silben und Laute, im Strudel vereint,
Gefangen im Sog, der sich sanft um uns reiht,
Flüstern Geschichten, die in der Luft schweben,
Weben ein Netz, das unser Denken beleben.

Sprache fließt mächtig, wie ein ruhiger Fluss,
Nimmt uns mit auf die Reise, ohne einen Verdruss,
in jedem Wort, ein Ozean aus Bedeutung,
Silben im Sog, mit ungeahnten Deutungen.

Bauen Brücken über Abgründe, ganz ohne Fehl,
Verbinden die Herzen, mit jedem Wortgeflecht,
In der Strömung der Verse, die tief ins Herz sich graben,
Da finden wir Trost, Liebe und auch den Mut zu haben.

Redensarten im Flug

In luft'ger Höh der Worte Spiel,
Fliegt Redensart so frei und viel.
Durch Himmel zieht ein bunter Schwarm,
Geflügeltes im Sprache-Charm.

Auf Wolkenkurs, so leicht und heiter,
Schwebt Sprache aufwärts, immer weiter.
Von Lippen, die zum Flug bereit,
Entschlüpft die Rede, voller Leichtigkeit.

Jedes Wort, ein Vogel, fliegt,
In Redewendung sich verbiegt.
Mit Flügelspann die Luft durchschneidet,
Wo Redensart zur Weisheit gleitet.

Im Flug von Mund zu Ohr getragen,
Die Wörter sich zum Reigen wagen.
Wer Sprache liebt, versteht den Tanz,
Im Reden liegt verborg'ner Glanz.

Geflatter der Gedanken

Gedankenflug, so unbeschwert,
Ein Geist, der durch die Zeiten fährt.
Er flattert hier, er flattert dort,
Gedankenspiele an jedem Ort.

Sie drehen Kreise, tanzen, lachen,
In neuronaler Freiheit Kräfte entfachen.
Ein Schwarm von Impulsen, federleicht,
Durchfliegt den Geist, wird zum Gedichte.

In stiller Brise, kaum bemerkt,
Hat sich ein leiser Gedanke verstärkt.
Ein Säuseln nur in tiefer Ruh',
Ein Flüstern deckt des Rätsels Clou.

Gedankenflügel, breitet euch aus,
Tragt die Ideen, weit hinaus.
Im Geist entsprungen, frei zum Flug,
In Geistesweiten liegt Genug.

Lyrische Lüfte

Lyrische Lüfte, weht heran,
Tragt Verse, wo das Denken bann'.
In zarten Böen, duftig leicht,
Wird dichterischer Atemreich.

Die Muse küsst, ein lauer Hauch,
Und Worte strömen, folgen auch.
In sanften Wellen, Hin und Her,
Gedichte atmen, Meer um Meer.

Es spielt der Wind mit Silben, laut,
Formt Poesie aus Nebeltraut.
Der Dichtung Odem, zart verstohlen,
Durchwebt die Luft, wo Reime schweben.

Vom Himmel trägt ein Säuseln Kunde,
Erträumte Verse, stille Stunde.
Wo lyrische Lüfte uns umarmen,
Entstehen Bilder, Reime schwarmen.

Poetische Propeller

Worte wirbeln, dreh'n im Kreis,
Poetische Propeller, lärmend leis'.
Sie heben ab vom festen Grund,
In Spiralen, frei und bunt.

Sie tragen Gedanken in die Weiten,
Über Wolken, durch die Zeiten.
Wie Hubschrauber klingen sie,
In Versen tanzt die Melodie.

Ein Motor summt, vom Reim getrieben,
Propellerflug durch Strophentreiben.
Lebendige Buchstaben, im Wirbel getanzt,
Poetisch geliftet, in Fantasie gehaucht.

Im Wind der Worte dreht sich rasch,
Ein Wirbelsturm aus Poesie, ganz sachlich.
In der Sprache Rotorblättern klappen,
Lassen wir die Verse fliegen, schnappen.

Spruchschwingen

Auf federleichten Spruchschwingen,
Fliegt das Wort, beginnt zu singen,
Über Wiesen, durch die Zeiten,
Weisheit wird es stets begleiten.

Trägt es Hoffnung, auch Bedenken,
Will uns Freude und Trost schenken,
Über Meere, durch die Lüfte,
Schwingt es sanft in Himmelsküfte.

Auf den Schwingen bunter Träume,
Weht die Stille durch die Räume,
Flüstern Worte, zart im Reigen,
Mögen sie im Herzen bleiben.

Klänge weben sich zu Sätzen,
Die das Seelenheil ergötzen,
Leis im Wind die Worte schweben,
Spruchschwingen durchs Leben weben.

Himmel der Heiterkeit

Im Himmel der Heiterkeit, so klar,
Ein Lächeln ziert das Firmament,
Wo Sonnenlicht vergoldet gar,
Ist Sorgenlast beinah' verbannt.

Die Wolken malen Fantasie,
Ein Segel setzt zum Traumgewinn,
Die Heiterkeit schenkt Melodie,
Und Lebensfreude wohnt darin.

Hier tanzen Seelen unbeschwert,
Im Blau, das niemals Tränen sieht,
Die Stille wird als Lied verehrt,
Das sanft ins Weite zieht und flieht.

Die Herzen leicht, die Augen weit,
Entdecken sie des Himmels Schein,
Inmitten voller Heiterkeit,
Mag jeder Tag ein Lächeln sein.

Flatterhafte Formulierungen

Mit flatterhaften Formulierungen,
Die Worte tanzen aus den Zeilen,
Sie schweben ohne Limitierungen,
Und wollen Herz mit Lust ereilen.

Sie hüpfen, springen wild umher,
In Sätzen ohne Stillstand tanzen,
Mal leicht, mal schwer, als wär'n sie mehr,
Als bloße Buchstaben, die glanzen.

Beweglich wie ein Sommerwind,
Der durch die hohen Gräser streift,
So flattern sie, vom Geist bestimmt,
Wo Fantasie die Räume greift.

Die Formulierung tanzt und schwingt,
Bringt Leichtigkeit ins ernste Leben,
So dass sie Freude mit sich bringt,
Und kann dem Alltag Glanz verleihen.

Weisheiten windig gewebt

Weisheiten, windig leicht gewebt,
Im Zephyrhauch zum Hörer schwebt,
Sie fliegen sanft, sind niemals schwer,
Und dennoch tragen sie so sehr.

Sie weben sich durch Zeit und Raum,
Gedankenreif, ein geist'ger Baum,
Der Wurzeln schlägt in Seelen ein,
Und gibt dem Dasein einen Schein.

In jedem Wort, ein Fünkchen Glück,
Geheimnisvoll und augenzwink’rig,
Ein Windhauch bringt sie schnell zurück,
Erzählt Geschichten, leise, tink’rig.

Die windig weisen, leisen Lehren,
Vergänglich wie ein Hauch, so zart,
Sie wollen uns das Leben mehren,
Und bleiben doch Luftschlosser, apart.

Verbannte Verben

Gebannt in Distanzen fern,
Zerstreut in des Windes Kehren,
Verbannte Verben, stumm und stern,
Im Schweigen sich selbst verzehren.

Verdrängt aus der Sprache Fluss,
Von Lippen nicht mehr getragen,
Sie ruhen in einsamer Gruft,
Wie Blätter in Herbstessagen.

Doch in der Stille der Nacht,
Ganz leise beginnen sie träumen,
Ein Flüstern in der Dunkelheit erwacht,
Wie Quellen, die leise säumen.

Im Verborgenen keimen sie,
Und warten auf Erneuerung,
Bis ein Dichter sie findet, sie befreit,
Zurück in die Welt, zur Spracheneuerung.

Geschwindigkeit der Genres

Thriller fliegen vorbei, geschwind,
Science-Fiction springt durchs Raum-Zeit-Tor,
Krimis schleichen, hinterlistig wie der Wind,
Liebesromane flüstern leis' im Ohr.

Biografien schreiten stetig voran,
Dokumentationen halten den Augenblick fest,
Fantasy schwelgt in Welten, die keiner sonst sah,
Poetik tanzt leicht, im schönen Versenfest.

Historisches lässt die Vergangenheit leben,
Comics sprühen bunt, mit Witz und Charm,
Philosophisches will tiefe Einsichten geben,
Horror schleicht umher, kalt und arm.

Jedes Genre mit eigener Zeit und Raum,
Erzählen Geschichten schnell oder bedächt,
In des Büchermeeres weitläufigem Saum,
Wo die Geschwindigkeit der Genres erwacht.

Sagewerke im Schwung

Sägewerk läuft im Rhythmus, hart und schwer,
Klingen singen ihre alten Lieder,
Holzsplitter tanzen im Kreisverkehr,
Geformt von Arbeitshänden immer wieder.

Das Echo klingt in den Wäldern weit,
Ein Symphonie aus Schnitt und Stärke,
Maschinen in voller Beweglichkeit,
Sie formen die Materie zur Werke.

Da, wo der Säge Zahn trifft auf die Rinde,
Entsteht ein Werk aus Mensch und Natur,
Wuchtig dreht sich jedes einzelne Winde,
Im Schwunge erzählt jede Späne ihre Spur.

Stolz ragt auf der Stapel, fein gezimmert,
Bereit, zu bauen Haus und hallende Räume,
Das Sägewerk, vom Menschengeist geschimmert,
Erweckt die stillen Baume aus ihren Träume.

Eleganz der Exzerpte

Gedanken fließen federleicht zu Papier,
Exzerpte bilden des Wissens zarte Reigen,
Gleiten durch die Seiten, auswahlverziert,
In Eleganz, die schmiegsam sich will zeigen.

Kurz und prägnant, die Essenz wird gefasst,
Aus tausend Worten nur die Perlen wählen,
Was lange Texte manchmal schwer umschließt,
Will Exzerpte in Klarheit offenbaren.

Sie reihen sich wie Perlen auf der Schnur,
Glänzen im Licht der Geisteskraft erhaben,
Durch sie spricht die Konzentration pur,
In jeder Zeile tiefere Erkenntnis graben.

Zusammenfassung, die der Forscher schätzt,
Sie bilden Brücken zwischen den Werken,
Die Eleganz der Exzerpte nun ergötzt,
Sie laden ein, sich in das Denken zu verberken.

Akzente im Aufwind

Hoch in den Weiten des Himmels so klar,
Wellen der Lüfte tragen so rar.
Akzente sie tanzen, fliegen empor,
Federleicht schwingen sie, ohne ein Chor.

Im Aufwind des Lebens, Sprachen vereint,
Jeder Dialekt seine Schönheit zeigt.
Stimmen im Einklang, ein flüchtiger Reim,
Harmonisch in Schwung, wie ein lebendiger Traum.

Mögen die Winde des Wandels weh'n,
Sie formen die Stimmen, die niemals vergeh'n.
Akzente im Aufwind, mit Kraft gepaart,
Ein symphonisches Echo, weit über die Saat.

Lied des Windes, im Flüstern verborgen,
Erzählen Geschichten, von gestern, morgen.
Jede Silbe ein Schritt auf dem endlosen Pfad,
Rhythmisch und kühn, ein nicht endender
Schatz.

Wahrhaftige Windungen

Der Pfad schlängelt voran, ein Fluss ohne Band,
Durch Zeit und Erinnerung, durch wechselndes Land.
In Windungen wahrhaft, im Leben gefunden,
Umspielt von Schicksal, von Zukunft umwunden.

Die Kurven der Seele, in Schatten getaucht,
Von Lichtern umspielt, die in Dunkelheit hauchen.
Ein beständiges Drehen, ein Tanz so blind,
Es formt sich der Weg, wie der Wind das Kind.

Verschlungene Wege, so tief und so weit,
Ein Netz aus Entscheidungen, Freude und Leid.
Jeder Schritt eine Wendung, eine neue Sicht,
Bringen Einsicht, und Traum im Gedicht.

Es eilt die Zeit in wahrhaftigen Windungen,
Schreibt stets neue Linien, bedacht auf Bündnisse.
Im Puls des Moments, in der Stille so laut,
Ein jeder Windhauch das Leben erbaut.

Luftschichten der Lyrik

In Schichten verpackt, die Worte so fein,
Schweben Verse empor, unsichtbarer Wein.
Luftschichten der Lyrik, ein unsagbarer Ort,
Gefühle umarmen in unendlichem Fort.

Die Stratosphäre der Strophen so weit,
Gedanken verweben in himmlischer Heit.
In Wolken gewoben, ein zarter Gedicht,
Trägt Wellen aus Worten, Gesichter im Licht.

Durch Troposphären treiben Gedanken,
In Reimen schwerelos, ohne Schranken.
Gleiten über Ströme, in Höhen so blau,
Die Poesie atmet, leise und schlau.

Ein Hauch, ein Lüftchen trägt die Verse fort,
Verändern sich stets von Ort zu Ort.
Luftschichten der Lyrik, ein Ozean der Phrasen,
In ihren Böen wird ewig das Neue geblasen.

Taktvolle Thermiken

Aufsteigend und fallend in rhythmischen Zügen,
Thermiken tanzen, zum Himmel sie flüchten.
Tragen sie Schwingen von Vögeln als Lügen,
Taktvolle Aufwinde in himmlischen Brücken.

Jede Böe ein Takt, ein melodischer Schlag,
Gleiter und Vögel, sie folgen mit Plaisir.
In den Wolken da oben, kein Tag wie der Tag,
Jede Welle ein Zeichen, ein partiturliches Papier.

In der Stille der Höhe, wo nur Winde singen,
Musik der Atmosphäre, im Aufwind gefangen.
Die Thermiken klingen, sie tanzen und schwingen,
In der Symphonie der Lüfte, nach Freiheit verlangen.

So tanzen die Luftströme, sie heben und senken,
Taktgebend, weisend der Vögel Revier.
In den taktvollen Thermiken, die Gedanken verschenken,
Ein Reigen der Rhythmen, in der blauen Zier.

Schwingen des Ausdrucks

In Worten versteckt, ein tieferer Sinn,
Gefühle gewoben, beginnen zu spinn'.
Die Schwingen des Ausdrucks, so frei und so klar,
Sind Brücken zum Herzen, aus Zeichen gebaut.

Durch Silben und Laute fließt rein die Gedanken,
Als wären sie Farben, die still in uns schwanken.
Geflüsterte Sehnsucht, in Sätze gefasst,
Durch Schwingen des Ausdrucks, Berührung entfacht.

Mit jedem Vers, der leise erklingt,
Die Kühnheit der Poesie uns innebringt.
Verborgene Wahrheit in Zeilen gefasst,
Durch Schwingen des Ausdrucks, wird Stille erfasst.

Die Macht eines Wortes, oft unsichtbar schwer,
Trägt weit über Meere, als wäre es Meer.
Schwingen des Ausdrucks, mit jedem Satz mehr,
Ein Flug über Welten, endlos und leer.

Flug der Phrasen

Wie Vögel im Wind, so schweben die Worte,
Sie malen im Geist uns unsichtbare Orte.
Ein Flug der Phrasen, im Blau der Gedanken,
Verweben die Träume, in welchen wir schwanken.

Die Zeilen, sie gleiten, ein tänzelnder Reigen,
Umspielen den Verstand, in endlosem Steigen.
Flug der Phrasen, Träger der Macht,
Überbringt die Gefühle durch die dunkelste Nacht.

Mit Anmut und Stärke, die Syntax so weit,
Erheben sich Worte zu ewiger Zeit.
Flug der Phrasen, in lyrischem Tanz,
Verschmelzen zu Dichtung in ihrem Glanz.

Einst gefesselt an irdische Sorgen,
Nun beflügelt, als gäb's kein Morgen.
Flug der Phrasen, hoch hinaus,
Verzaubert die Stille, trägt sie nach Haus'.

Sprichwörtliche Schwingen

Ein Sprichwort gleitet, so leicht und beschwingt,
Durch Zeitalter getragen, wo Hoffnung noch klingt.
Auf sprichwörtlichen Schwingen, so alt und so weise,
Erzählen Geschichten, auf ewige Weise.

Sie fließen durch Länder, durch Sprachen hindurch,
Verbinden die Menschen wie ein geistiger Furch.
Sprichwörtliche Schwingen, mit Wahrheit behaftet,
Sind Leuchtfeuer der Lehre, in Weisheit gekräftet.

Von Mund zu Ohr, in endloser Kette,
Überdauern sie Zeit, stets am gleichen Bette.
Sprichwörtliche Schwingen, sie tragen uns fort,
Durch das Leben, durch Täler, an jeden Ort.

Wie Vorfahren einst, die uns Wege gewiesen,
Schenken uns Sprichwörter Einsicht, heimlich gepriesen.
Sprichwörtliche Schwingen, ein unsichtbarer Bund,
Verknüpfen Generationen, in jeder Stund'.

Metaphorische Flügel

Spann die metaphorischen Flügel ganz weit,
Denn in Bildern zu sprechen vermählt Zeit und Leid.
Als Bote der Träume, in bunten Facetten,
Lassen Metaphern uns die Welt neu betreten.

Sie tanzen um Wahrheit, in schillernden Kleidern,
Eröffnen uns Welten, als wären sie Leitern.
Metaphorische Flügel, die Fantasie führen,
Durch die Tür der Gedanken, zum Tor der Kulturen.

Mit jedem Vergleich, der den Geist sanft berührt,
Wird das Verborgene sichtbar, das eigentlich führt.
Metaphorische Flügel, sie tragen so weit,
Über Grenzen der Sprache, durch Räume und Zeit.

Sie streben nach Höhen, wo das Endliche schwindet,
Wo Bedeutung im Tiefen mit dem Himmel verbindet.
Metaphorische Flügel, im Flüstern des Seins,
Geben unserem Dasein erst seinen wirklichen Reim.

Allegorische Anläufe

In Schleier der Metapher gehüllt,
Ein Spiegelbild, das Schicksal schildert,
Jede Geste mit Bedeutung gefüllt,
Ein Sinnbild, leicht und doch verwildert.

Tief in der Allegorie versteckt,
Ein Tanz zwischen den Zeilen des Seins,
Wo jeder Schritt Vorsicht erweckt,
Verborgene Wahrheit, zart und feins.

Kunstvoll webt der Dichter die Fäden,
Die Handlung – mehr als bloßer Schein,
In Bildern, reich an stillen Bitten,
Versteckt im narrativen Lein.

So nehmen wir allegorische Anläufe,
Entschlüsseln das Geheimnis stets neu,
Ergründen die philosophischen Täufe,
In Dichtung, alt und doch so treu.

Sprichwörtlicher Sturm

Es braut sich was zusammen im Wortgewand,
Ein sprichwörtlicher Sturm zieht auf im Land.
Alte Weisheiten werden zum Grollen gebracht,
Als wär'n sie Donner in der bedeutsamen Nacht.

Mit Metaphern scharf wie ein Schwerterschnitt,
Treffen sie Kern des Lebens, verfehlen es nicht.
Wie Blitze, die erhellen des Denkens Nacht,
Die Weisheit im Volksmund, mit Macht entfacht.

„In der Kürze liegt die Würze“, spricht es laut,
Wie Regen, der auf ausgedörrte Felder haut.
„Was du nicht willst, das man dir tut“,
Hallt es nach, gibt dem Handeln neuen Mut.

Wenn Redensarten sich im Sturm entfalten,
In ihrer Kraft uns fest in Bann halten,
Dann lehren sie uns mit altem Tumult,
Die Tiefe der Sprache, in Geduld gehüllt.

Auftrieb der Anekdoten

Mit einem Lächeln sanft auf den Lippen,
Da fliegen die Anekdoten, sorgen für Wirbel,
Kleine Geschichten, schelmisch und flink,
Sie geben dem Gespräch wackeren Auftrieb.

Vom Winde erzählt, von Begegnungen zart,
Ein lebendiger Strom von Gestern zu Heute,
Wie Blätter, die tanzen im Herbstsonnen Glanz,
Geben sie dem Moment farbigen Beute.

Es sprudeln Erinnerungen aus der Quelle des Lebens,
Alltägliches wird zur Sage, zur lebendigen Weise.
Jedes Wort trägt Gewicht, trägt zeitlosen Glanz,
Und kreiert eine Welt, in der Heiterkeit kreist.

Auftrieb der Anekdoten, sie heben uns hoch,
Als wären sie Vögel in der Dämmerung's Rot,
Erzählen von Glück, von Weisheit und Scherz,
Binden die Zuhörer mit Herz zu Herz.

Geflügel der Gedichte

Gedanken, wie Vögel, flattern durch Sinnen,
In Versen gebunden, sie fangen an zu singen.
Mit Rhythmus und Reim, in Harmonie gedichtet,
Ist Poesie ein Geflügel, das Herzen durchbricht.

Sie bauen ihr Nest in den Zweigen der Seelen,
Legen Eier der Weisheit, um zu heilen, zu stählen.
Mit flügelschlagenden Versen, so frei und so wild,
Zieht Lyrik ihre Bahnen, kunstvoll und mild.

Mal stolz wie der Adler, der hoch in Lüften kreist,
Mal sanft wie die Taube, die Frieden verheißt.
Jeder Vogel, jedes Gedicht, einzigartig im Flug,
Ein Himmel voll Poesie, ein atemloser Zug.

So schweben die Worte, tragen Hoffnung fort,
Geflügel der Gedichte, verbindend Wort für Wort.
Sie fliegen durch die Ewigkeit, verlier'n niemals an Schwung,
In der Unendlichkeit des Geistes, ihr ewiger Gesang.

Spontane Sprungfedern

Leicht wie ein Blatt im Wind,
Kraftvoll wie der junge Hirsch,
Spontanität, die uns verbindet,
Sprungfedern, die uns treiben.

In jedem Moment gefasst,
Auf das Unerwartete und Schnelle,
Leben, pulsierend und voller Kraft,
Jede Sekunde, ein neuer Tanz.

Mit jedem Schritt ein neuer Klang,
Ein Rhythmus, der in Freude wiegt,
Spontan, wie der Morgen beginnt,
Frühlingserwachen, so unbeschwert.

Sprungfedern in der Seele tief,
Die sprießen, schwingen, uns beflügeln,
Wir springen, landen, springen wieder,
Im Takt des Lebens, wild und frei.

Unvergesslicher Updraft

Trag mich, Wind, hinauf, so weit,
Zu den Wolken, frei und leicht,
Jeder Updraft unvergessen,
Hebt die Seele, stellt die Weichen.

Unsichtbare Hände halten,
Zarte Winde, mächtig doch,
Tragen Träume, Hoffnungen,
Unvergessen bleibt der Zug.

Über Gipfeln, unter Sternen,
In der Stille, kraftvoll, sanft,
Jeder Flügel schlägt im Einklang,
Mit dem Wind, der uns umgarnt.

Schwebend durch die blauen Weiten,
Leicht wie Federn, stark wie Stahl,
Dieser Updraft, ewig trägt er,
Unsre Seelen, überall.

Belebende Böen

Frische Böen, kernes Wunder,
Hauchen Leben ein, so munter,
Lassen Blätter tanzen, drehen,
Neue Wege stets bestreben.

Beleben Geist und auch Gemüter,
Wecken auf die müden Lieder,
In den Seelen, im Gezweige,
Weht ein Hauch von Zauberei.

Böen, die den Frühling künden,
Luft, die sich durch Äste windet,
Atmen tief, fühl die Erneuerung,
In jedem Atemzug, ein Funken Glück.

Tanz der Blätter, Windgeflüster,
Melodie der Natur, so lüster,
Belebende Kraft, die uns umgibt,
Gibt uns Schwung, so ungezümt.

Aphoristisches Auftriebskraft

In Worten verborgen, Weisheit sacht,
Schwebend auf Gedankenmacht,
Aphoristische Züge, leicht und frei,
Schenken Auftrieb, machen klug dabei.

Weitblick in einer Zeile gefasst,
Klarheit, die das Herz erfasst,
Erhebend wie ein warmer Hauch,
Weisheitsträger, leicht im Brauch.

Mit federleichtem Spiele froh,
Fließen Worte, finden Echo,
Auftriebskraft in jedem Satz,
Trägt Gedanken, schafft den Platz.

Sphärenklänge, leise Weisen,
In den Worten, Weisheit reisen,
Aphoristisch, klar und schlicht,
Auftriebskraft im Geisteslicht.

Vokale Vibration

Im Einklang schwingen A, E, I,
Mit O und U vereint dabei.
Wir tanzen im Vokalkonzert,
Ein Lied, das Herz und Seele nährt.

In Silben fließen weich die Laute,
Wie Wasserströme, klar und traute.
Die Vibration in reiner Form,
Trägt Gedanken über Norm.

Ein Atemzug, ein sanfter Klang,
In jeder Sprache, ewig lang.
Vokale sind des Lebens Band,
Verbinden uns mit Herzverstand.

Der Klangraum voller Wunderwerke,
In ihm Verstand und Gefühl sich stärke.
Ein Ton, der in die Ferne schwingt,
Die Vokale Vibration, die uns umfängt.

Luftschlösser der Literatur

Auf Seiten gebaut, so zierlich und fein,
Die Luftschlösser locken in Welten hinein.
Sie stehen auf Wolken, aus Worten gemacht,
Behütet von Fantasie, Nacht für Nacht.

Gedruckte Pfade führen uns fort,
Durch Tore aus Buchstaben an einen Ort.
Wo Träume sich ranken an bücherne Mauern,
Und in der Stille die Zeit verlauern.

Aus Tinte und Papier erwacht das Gebilde,
Literatur webt es in feinsinnigste Milde.
Im Traumreich der Bücher, wo Grenzen verblassen,
Darf jeder er selbst sein und Sorgen verlassen.

Das Lesen als Brücke zu unbegrenzten Sphären,
Wo Luftschlösser der Literatur uns betören.
Lasst uns eintauchen in flüsternde Seiten,
Wo die Wörter zu ewigen Gefährten geleiten.

Gefiedertes Gerede

Das Zwitschern erwacht im Morgenlicht,
Geheimnisvolle Töne im Bäumen Pflicht.
Die Vögel im Gespräch, so mild,
Die Luft mit Silberklängen gefüllt.

Ein Sätzchen hier, ein Wortgeflecht,
Gefieder flattert, leicht und echt.
Das Gerede, frei von Sorgenlast,
In Baumkronen sicherlich gut gepasst.

Die Amsel lockt mit lieblichem Singen,
Uns Menschen zu ihr hinzuringen.
Die Botschaft klar in der Morgenstunde,
Verbundenheit in der großen Runde.

So fliegt das Wort von Ast zu Ast,
Die Luft gefüllt mit Liedern, eine Pracht.
Der Melodie des Lebens Lauscher,
Fängt das gefiederte Gerede uns, der Zuschauer.

Gesegelte Sinnsprüche

Die Worte setzen Segel im Wind,
Als Sinnsprüche mit Weisheiten geschwind.
Über Meere von Erfahrung und Zeit,
Tragen sie Wahrheit, Bereit.

Mit jedem Horizont, den sie erreichen,
Mögen neue Ufer von Einsicht zeichen.
Die Segel gebläht von klugen Gedanken,
Können den schwersten Kummer umranken.

Klare Sätze, wie Leuchttürme stehen,
In stürmischen Nächten Wegweisend, Flehen.
Als Sinnsprüche in der Dämmerung funkelnd,
Schützen sie das Herz, im Leben munkelnd.

Lass die Sinnsprüche, über Wellen sich wagen,
Erkenntnisse als Seefahrer tragen.
Und wenn der Anker dann ruht in der Tiefe,
Bleibt Weisheit am Ufer, als stete Kliefe.

Printed in the USA
CPSIA information can be obtained
at www.ICGtesting.com
LVHW081739221123
764678LV00048B/377

9 789916 391907